Made in the USA
Coppell, TX
20 April 2022

76847461R00061